Junger Zwergziegenbock zu verschenken.
Nicht zum Essen. Sehr zutraulich.

von
Jutta Katharina Hall und Martha Nasrouei

mit Bildern von
Jutta Katharina Hall

Studia Universitätsverlag 2007

Copyright © 2007

STUDIA Universitätsverlag
Herzog-Sigmund-Ufer 15
A-6020 Innsbruck

Fotos und Scans: Benno Monz

Druck und Buchbinderei:
Tiroler-Repro-Druck, Valiergasse 40, A-6021 Innsbruck
Printed in Austria

ISBN-13: 978-3-901502-85-9

"Wenn du wissen willst,
ob etwas wahr ist, dann
schau, ob es einfach ist."

(Spruch)

Junger Zwergziegenbock

... zu verschenken ... nicht zum Essen ... sehr zutraulich ...

17128 Ziegentiere gibt es in Nordtirol – und noch eines dazu, das zählt da aber nicht, weil es keine gelbe Marke mit Nummer im Ohr hat. Es ist ein kleiner frecher Zwergziegenbock. Auf seiner Nase und auf seinen Ohren sitzen weiße Schneeflocken. Die sind vom letzten Winter übrig geblieben und wollten auch im Sommer nicht wegschmelzen.

Ziegenwinter

Frühsommer 2006

Lassen wir die Geschichte in Thaur beginnen, einem Dorf in Nordtirol. 3699 Personen leben dort und eine davon ist eine Eselemalerin und heißt Katharina.

Das Haus

Katharina baut gerade das Haus um und Walter, der Zimmermann, hat schon das Dach abgetragen. Das liegt jetzt im Garten und Margret, die Mama von Katharina, hat deshalb nur mehr ein einziges Blumenbeet. Es ist oval und bunt.

Ein Haus ohne Dach! Wer mag das schon? Und über dem Berg wartet eine schwarze Wolke! Da fragt man sich, wie lange wird es noch dauern, bis es ins Haus hineinregnet? Walter, der Zimmermann, beeilt sich ja, so gut er kann. Dass er nur nicht herunterfällt! Katharina ist beunruhigt. Was könnte da helfen? Sie geht in die Pfarrkirche, um zum hl. Josef zu beten, weil der auch ein Zimmermann war und die Arbeiter beschützt.

Die Kirche

Die Kirche ist leer und still. In der Stille kann man gut beten. Wenn aber irgendwo draußen ein kleines Kind zu weinen beginnt, kann man nicht mehr richtig beten. Und da weint ein Kind. Und es hört auch nicht auf zu weinen. Kann seine Mama es gar nicht trösten? Ja ist es überhaupt ein Kind? Oder ist es vielleicht ein Tier?

Katharina hat schon so viele Tiere weinen hören: das Wenzele, den Camillo, die Judy, die Cilli, das Zamperle und die Mina. Die wohnen jetzt alle bei ihr daheim in dem Haus, das jetzt kein Dach hat und wo auch kein Platz mehr ist.

Wo kommt das Weinen her? Wohl nicht vom Metzger, der gleich hinter der Kirche wohnt! Lieber gar nicht weiterdenken. Am besten die Ohren zuhalten. Aber kann man sich gleichzeitig die Ohren zuhalten und beten?

Kater Zamperle gut aufgehoben

Wenn ich jetzt hinausgehe, denkt Katharina, dann befinde ich mich in einer Geschichte und man weiß wieder nicht, wohin einen diese Geschichte führt.

Der Metzger

Das alte Haus von Josef, dem Metzger, schaut ein bisschen unbewohnt aus, die Fensterläden sind geschlossen, die Blumen in den Trögen welk. Die Klingel geht nicht und im Hof laufen heute keine Hühner herum wie sonst. Was ist passiert? Katharina geht dem Weinen nach und kommt zu einer Stalltür, die aus den Angeln gebrochen und nur angelehnt ist. Zwei Eisenstangen halten sie. Wenn man diese wegzieht, fällt einem die Tür auf den Kopf. Die Tür ist schwer und lässt sich nur ein wenig zur Seite schieben.

Weißt du, wie dunkel es in diesem Stall ist? Stockdunkel. Zwei Lichter leuchten heraus. Und da schleckt auf einmal jemand mit rauer Zunge an Katharinas Fingern herum.

Wer drängt denn da ans Tageslicht? Das ist ja ein kleiner Ziegenbock! Sein Schwanz wedelt heftig vor Freude, hin und her, wie ein Scheibenwischer beim Auto.

Was macht der Ziegenzwerg beim Metzger? – Und was macht der Metzger mit dem Ziegenzwerg? Wie auch immer: Du darfst keine fremde Tür öffnen ohne Erlaubnis und du darfst schon gar keinen Ziegenbock frei lassen, der dir nicht gehört. Nicht einmal einen Zwergziegenbock. Ziegenbock ist Ziegenbock und Eigentum bleibt Eigentum.

Es nützt nichts. Er muss zurück in die Dunkelheit und die Tür wird wieder verriegelt. Katharina zittern die Knie. Immer das gleiche, wenn eine verrückte Geschichte beginnt.

Wo ist Josef, der Metzger? Er ist nicht zu finden. Nicht in der breiten Hofeinfahrt, nicht in der Scheune mit den vielen Ackergeräten, den Messern, Kübeln und Kisten. Nicht bei den Obstbäumen und auch nicht im Gemüsegarten. Dort, ganz hinten, wo die Friedhofsmauer beginnt, dort steht er und sägt Holz. Schau nur, er ist leicht gebückt mit starken Armen und großen Händen, daneben jetzt die zierliche Eselemalerin mit ihren roten Haaren. Was die beiden wohl miteinander reden in der beginnenden Mittagshitze?

Zuerst einmal: Warum der Ziegenbock so weint?

Weil er alleine ist, weit weg von anderen Ziegen.

Was mit ihm geschehen soll?

Geschlachtet wird er, heute Abend um 8:00.

Ob er schon verkauft ist?

Nein, nur so halb versprochen.

Dann wäre er ja noch zu haben?

Warum nicht?

Handschlag und Anzahlung genügen. So ist das hier im Dorf.

Und wie viel kostet der kleine Ziegenbock?

Auf jeden Fall nicht so viel wie ein großer und unter Thaurern noch ein bisschen weniger.

Gekauft!

Und du glaubst, dass Katharina jetzt den Ziegenbock mit nach Hause nimmt und wenn sie nicht gestorben sind, dann leben sie noch heute? So einfach ist das nicht:

Ein Ziegenbock stinkt. Vor allem von Oktober bis Jänner. Josef, der Metzger, musste sogar einmal einen am Dreikönigstag schlachten, weil die Bläser vor der Kirche nicht mehr spielen konnten, vor lauter dass er stank.
Ein Ziegenbock frisst und das beinahe alles: Marillen, Gartenblumen, Wolle, Pullover, Briefe und Zeitungen.
Ein Ziegenbock weint, ausdauernd und herzerweichend, wenn er ein Single ist.

Josef, der Metzger, überlegt, ob er nicht einen Platz für ihn wüsste. Er steht aufrecht da, tippt sich mit dem Finger auf die Stirn und schaut angestrengt Richtung Bettelwurf. Aber es fällt ihm einfach nichts ein. Eines wird klar. Zuerst einmal muss Katharina den Bock beim Metzger lassen. Wenn der nur nicht vergisst, dass er ihn nicht mehr schlachten darf! Man muss wirklich an alles denken.

Josef, der Metzger

Das Gemeindeamt

Denk dir, wenn du so mitten im Dorf stehst und eine Auskunft brauchst, wo würdest du da hingehen? Wohl auch ins Gemeindeamt zu Joschi, dem Bauamtsleiter.

Als er sie so hereinkommen sieht, glaubt er, sie habe ein Problem mit dem Haus, weil sie so aufgelöst erscheint. „Nein, Joschi, ich habe einen Ziegenbock gekauft." Er schaut sie sprachlos an. Gerade ist er noch gestanden, aber jetzt hat er sich hinsetzen müssen. Warum kauft Katharina, die doch eine Eselemalerin ist, einen Ziegenbock? Und was hat das alles mit seinem Bauamt zu tun?

Wie immer schaut Joschi zuerst einmal in den Computer. Dort liest er, dass es in Thaur an die 79 landwirtschaftliche Betriebe gibt. Die meisten sind wohl Gemüsebauern, dafür ist Thaur ja bekannt, aber es gibt natürlich auch Bauern, die Tiere halten, davon 33,3% Schafe und Ziegen. Joschi druckt alle Adressen in und um Thaur aus und ruft jeden einzelnen an, fast jeden.

Aber er hat kein Glück, bei keinem. Sie alle würden ja eine Ziegin nehmen, aber keinen Bock, aus vielerlei Gründen, wie wir mittlerweile wissen. Die Geschichte kommt nicht vom Fleck.

Auf den Thaurer Gemüsefeldern

Daheim

Katharina geht den steilen Weg heim. Dort liegt nicht nur das alte
Dach im Garten, auch der Haussegen hängt schief.
Romed, der Papa, wollte den alten Kirschbaum umschneiden, wohl
deshalb, damit man den schönen neuen Balkon besser sehen kann,
vermutet Katharina. Daniel, ihr Sohn, hat ihm einfach Leiter und
Säge versteckt. Und jetzt will keiner mehr mit dem anderen reden,
wo sie doch vorher noch so heftig miteinander gestritten haben.

Wie sollte man da einen neuen, noch dazu gehörnten Mitbewohner
ankündigen? Eine unliebsame Geschichte.

Kind und Vogel im Kirschbaumgarten

Die Landwirtschaftskammer

Aber da fällt Katharina schon wieder etwas ein: die Landwirtschafts-
kammer, genauer gesagt die Tierzuchtabteilung. Sie fragt um Rat,
wird aber belehrt: Zuerst muss man denken, dann kann man kau-
fen. Katharina macht das aber umgekehrt, sonst gäbe es ja keine
Geschichten. Schließlich bekommt sie doch einen Namen und eine
Handynummer ohne weitere Erklärung. Diese ist aber immer be-
setzt und die Zeit wird knapp.

Anruf aus Teneriffa

Von der Straße her hört man nun laute Stimmen der Handwerker. Ein Lastwagen bringt die großen Balken für das neue Dach. Das Telefon klingelt. Der Rückruf von der Handynummer! Endlich wieder jemand, der zuhört. Katharina erzählt ausführlichst ihre Geschichte und der Mann am anderen Ende unterbricht kein einziges Mal und die Geschichte ist mittlerweile schon recht lang. Erst ganz am Schluss räuspert er sich und sagt: „Weißt du eigentlich, wo ich bin? Auf Teneriffa! In 14 Tagen, wenn ich zurück bin, helfe ich dir."

20 Minuten hat das Gespräch gedauert. Wenn man rechnet, dass eine Minute aus Teneriffa ca 80 Cent kostet, dann hat das Gespräch nur ein bisschen weniger als der Ziegenbock gekostet.

Katharina ist erleichtert. Sie stellt sich das jetzt so vor: In 14 Tagen kommt der nette landwirtschaftsamtlich empfohlene Tierschützer braun gebrannt, erholt und gut gelaunt aus dem Urlaub zurück und nimmt den Ziegenzwerg in seine Obhut, wo er ihn für alle Zeit liebevoll pflegt. Katharina fängt die Geschichte an zu gefallen. Zum Dank kann sie ihm ja ab und zu ein Eselebild schenken.

Zum Dank ein Eselebild

Das Fuchsloch

Mittlerweile ist es schon dreiviertel drei. Gut gelaunt macht sie sich auf den Weg durch das Fuchsloch hinunter ins Dorf. Die 14 Tage bis zur Rückkehr des netten Mannes kann ja das Tier in ihrem Garten zubringen. Auf dem Weg begegnet ihr Konrad, der Bürgermeister. Schon gut informiert und hilfsbereit, wie ein Bürgermeister sein soll, bietet er an, sie könne doch den Ziegenbock bei seinem Onkel, Josef, dem Metzger, unterstellen. „Von dem hol ich ihn ja gerade", lacht Katharina.

Die Geschichte dreht sich im Kreis. Aber der Mann auf Teneriffa wird sie da herausholen!

Das Thaurer Fuchsloch

Es ist gleich drei und jetzt begegnet sie auch noch ihren Freunden, Fritz und Luise, die wohnen im Fuchsloch und schauen immer hinaus, ob Katharina vorbei geht, sie hören so gern ihre Geschichten. Fritz hat heute Geburtstag und Katharina will ihm den Ziegenbock zum Geburtstag schenken. Doch Fritz lehnt dankend ab. Er braucht und will keinen Ziegenbock, aber er schenkt Katharina einen Strick, denn ohne Strick kann sie das Tier ja gar nicht heimführen.

Ausgebrochen

Drunten beim Metzger steht die Stalltür offen. Hat der alte Mann den Kauf vergessen? Nein, das nicht, der Ziegenbock ist ausgebrochen. Nun ist er in der Garage eingesperrt.

Das Tier ist ganz verschreckt. Überall Ackergeräte, spitz und eckig. Und jetzt kommt Katharina von der einen, der Metzger von der anderen Seite. Gefangen. Strick um den Hals, der Knoten geht zu, die Luft bleibt weg. Gott sei Dank ist Josef zur Stelle und lockert das ganze und richtet den Knoten so, dass nichts mehr passieren kann.

Katharina umarmt ihr neues Haustier, redet ihm gut zu und meint, es geht jetzt mit wie das Wenzele, ihr Dackel. Aber der Bock mag nicht mehr.
Josef, der Metzger, hat einen Pritschenwagen, einen richtigen Pick up. Er fährt die beiden heim.

Die vermeintliche Heimkehr

15.35

Ein Auto fährt die steile kurvenreiche Stollenstraße hinauf. Lenker: Josef, der Metzger. Hinter der blauen Plane Katharina, die Eselemalerin. Sie rutscht auf einer Bierkiste sitzend von einer Seite zur anderen und versucht den Zwergziegenbock zu halten. Dieser ganz verunsichert, nicht zuletzt von den Blutspuren am Boden und dem Fell eines frisch geschlachteten Tieres.

15.42

Ankunft an der Baustelle. Der Metzger gutgelaunt. Er trägt den Ziegenbock auf seinen Armen in den Garten. Die Zimmermannsleute wundern sich. Sie halten inne. Hinter dem Berg hängt noch immer die dunkle Wolke.

15.45

Josef sitzt auf einem Brett. Er trinkt ein Glas Himbeersaft. Vor dem ovalen Blumenbeet steht der Ziegenbock. Graubraun und struppig sein Fell.

15.48

Josef trinkt noch ein Glas Himbeersaft. Kein Blumenbeet mehr da. Der Ziegenbock nach fünf Tagen Dunkelhaft endlich satt.

Das Blumenbeet im Bauch

Romed, der Papa, hat Tränen in den Augen. Einerseits der Schaden, andererseits das nette Tier. Sein Vater, Alex, seinerzeit Obmann der Ziegenbesitzer, hat Ziegen auch so gern gehabt. Einer seiner Ziegenböcke hat Jâggl geheißen. Aber das ist eine andere Geschichte.

In der Zwischenzeit kommt Walter, der Zimmermann. Mit einem Blick erkennt er, dass sich hier einiges zusammenbraut: Dort die Wolke am Berg, hier die Gemüter der Hausbewohner. Er nimmt sein Handy, geht auf und ab und führt ein langes Gespräch. Dann kommt er auf Katharina zu und sagt knapp: „Ich hab einen Platz, wir fahren."

Absam

Nur weg von hier und das ganz schnell. Der Ziegenbock legt sich auf den Boden des Kofferraums. Den Kopf in Katharinas Händen lässt es sich gut schnarchen.

In Absam wohnen Josef, der Bauer, und Johanna, seine Bäuerin. Christa, die Frau von Walter, ist auch schon da. Sie hat einen Kuchen mitgebracht. Der Zimmermann trägt das Tier in den Garten. Ein Wildbach rauscht, zwei Schafe stehen friedlich beieinander und fressen das duftende Gras, ein Pony wedelt mit dem Schweif und wehrt ein paar lästige Fliegen ab, Enten schwimmen auf dem Teich und ziehen eine Kielspur nach sich, Obst reift auf den Bäumen, eine Amsel holt sich eine Kirsche.
Walter hebt den Ziegenbock über den Zaun in die neue Welt. Ende gut, alles gut?

Nein. Hast du's nicht gesehen? Die großen Schafe haben den Ziegenbock entdeckt. Sie jagen ihn. Der Bock rast davon, duckt sich, stellt aus, rast zurück. Worum geht's denn da? Wer gewinnt? Ist das ein Spaß?

Katharina fleht um Hilfe. Soll sie selber dazwischen springen, die Schafe aufhalten? Warum essen die anderen so ruhig weiter? „Das ist ganz normal", sagt Josef, der Bauer. „Das hört mit der Zeit auf." Also ein Kennenlernspiel? Katharina ist müde, der Tag war lang.

Zwei Schafe im Abendrot

Aufgedeckt

Morgens früh um sechs geht Walter, der Zimmermann, jeden Tag den Ziegenzwerg hoppelen, der ihm dafür viele Bussis schenkt. „Das ist ein verwöhnter Kerl", sagt Walter. „Muss der es einmal schön gehabt haben!" In der Tat:

> *Es war einmal ein kleiner Junge im Zillertal, der hatte einen Zwergziegenbock. Den hat er ganz fest lieb gehabt. Aber wie der kleine Ziegenbock größer und älter geworden ist und angefangen hat zu stinken, durfte er ihn nicht mehr behalten. Deshalb hat er ihn mit seiner Mama auf dem Kramsacher Kleintiermarkt verkauft, ahnungslos an Josef, den Metzger.*

Auf dem Absamer Bauernhof ist beinahe Ruhe eingekehrt. Ein Wildbach rauscht, zwei Schafe stehen friedlich beieinander und fressen das duftende Gras, ein Pony wedelt mit dem Schweif und wehrt ein paar lästige Fliegen ab, Enten schwimmen auf dem Teich und ziehen eine Kielspur nach, das Obst reift, eine Amsel pickt eine Kirsche vom Baum, nur der Ziegenbock weint. Herzerweichend.

Noch immer traurig

Das ist nicht auszuhalten. Wie soll die Geschichte nur weitergehen? 14 Tage noch bis zur Rückkehr des Retters von Teneriffa. Ob er überhaupt ein Retter ist? Aufgedeckt:

> *Es war einmal ein Mann, der fuhr seine Schafe zum Bahnhof. Die sollten eine weite Reise machen. Sie kamen in einen Waggon mit vielen anderen Schafen. Am Ende dieser Reise sollten sie alle geschlachtet werden. Zwei Schafe entkamen, Johann, ein Bauer, hat sie gerettet. Jetzt stehen sie friedlich nebeneinander in Absam und fressen das duftende Gras. Der Wildbach rauscht. Ein Ziegenbock steht daneben und weint.*

Die Geschichte dreht sich wieder im Kreis. Der Mann auf Teneriffa ist also keine Rettung.

Teneriffa, ein Traum

Der Name

Eines Abends vor dem Einschlafen sagt Katharina zu Heinrich, dem Bergsteiger und Ehemann: „Wir müssen ihn von Absam holen." Heinrich nickt, er merkt, Katharina, seinem Schätzle, geht es schlecht. Er kommt aus dem Schwarzwald und da sagen alle Männer zu ihren Frauen Schätzle. Sie sind frisch verheiratet und haben nun gleich so große Sorgen.

Heinrich meint, das Tier braucht einen Namen. Mit einem Namen findet es einen Platz. Es schaut aus wie ein Peterle und so soll es auch heißen.

Wenn Katharina glaubt, es geht nicht mehr ...

Die Bauernzeitung

Am nächsten Tag denkt Katharina wieder nach und geht auf die Thaurer Alm. Das Denken fällt ihr dabei leichter und das Wandern tut ihr einfach gut. Einmal hat sie dort ihren Mann kennen gelernt, an der zweiten Kurve, wenn du von oben herunter gehst.
Diesmal begegnet ihr Joschi, der Bauamtsleiter. Er fragt nach dem Ziegenbock und hat eine Idee: Man kann doch in der Bauernzeitung annoncieren!

Frisch gewagt: Tiroler Bauernzeitung, 0512/59900-21. Nun wird es aber schwierig für Katharina, die doch so gerne lange und ausführlich erzählt. Sie muss sich zusammennehmen und die Geschichte auf den Punkt bringen. Sie diktiert:

> *„Junger Zwergziegenbock zu verschenken.*
> *Nicht zum Essen. Sehr zutraulich.“*

Auf der Thaurer Almwiese

Kein Platz für Peterle

Da ruft Annemarie, die Schwägerin, an. Sie zieht gerade zwei Schwalben auf, die aus dem Nest gefallen sind. Annemarie hat eine Idee und will sich in drei Tagen wieder melden.

Drei Tage sind eine Ewigkeit, wenn ein Ziegenbock so richtig weint. Katharina bekommt weitere Adressen und weitere Absagen. Da gibt es eine Frau, die ein Ferkel davor gerettet hat, ein Spanferkel zu sein. Mittlerweile wiegt es 200 kg. Eine Frau, die ein aufgelassenes Schwimmbad gemietet hat. Dort beherbergt sie unzählige Hasen, Katzen und Hunde. Einen Mann, der alle seine Ziegen streichelt, bevor er schlafen geht. Er weiß von einer geheimen Ziegenkrankheit. Die seinen sind geimpft. Das Peterle nicht. Die Geschichte steht. Sie bewegt sich nicht.

Elsa, die Waldfrau

Inzwischen sind drei Tage vergangen und Annemarie ruft an. Sie hat einen schönen Platz bei Elsa, der Waldfrau, am anderen Ende von Tirol, gefunden.
Walter, der Zimmermann, fährt, das Peterle küsst ihn zum Dank.

Elsa wohnt am Waldrand. Das Holzhaus zugewachsen mit Efeu. Im Garten Stockrosen, rosa, weiß und dunkelrot; leuchtend orange Ringelblumen, Astern, Ribislstauden. Dazwischen Beete mit Salat und vielerlei Kräutern. Wilde Katzen schleichen um Krüge mit frisch gemolkener Ziegenmilch, Hühner picken Körner und irgendwo Elsa mit bunter Schürze. Drinnen im Holzhaus viele Urkunden und Pokale vom Ziegenzuchtverband.

In den Boxen edle Zuchtziegen, auszeichnungsreich, mit adeligen Gesichtern. Daneben das Peterle. Klein mit starkem Kopf und vorgewölbter Stirn. Stupsnasig. Der Mund vorgeschoben wie mit einer Zahnspange. Weiße Flecken auf der Nase, zuckerstreuselgleich. Ein Lausbub, keine Rasse. Die Ohren abstehend wie Segel, leicht nach vorn gedreht. Zwei Glöckchen aus Fell baumeln unterm Kinn.

Elsa mag den unedlen Bock, sie richtet die Herberge liebevoll ein mit Heu, Körndln und Wasser. Das Peterle frisst. Aber er wird weggesperrt. Zu den Ziegen, den edlen, darf er nicht. Einmal am Tag hat er Ausgang, wenn die anderen drinnen sind. Er darf sie sehen, berühren aber darf er sie nicht.

Walter, der Zimmermann, kämpft mit den Tränen. Das ist kein Happyend.

Stockrosen und Hühner in Elsas Garten

Peterle wird gebraucht

Die Baustelle ruft. Sie hält Katharina auf Trab. Der Spengler kommt gleich vorbei, der Installateur kommt nicht, der Elektriker dafür etwas später.
Und mittendrin ein Anruf: Wegen des Inserats in der Bauernzeitung: "Ist der Ziegenbock noch frei?!"

Katharina ist froh und misstrauisch zugleich. Ein Alpengasthaus? Wie schaut die Speisekarte aus? Ist Ziegenfleisch drauf? Wozu wird das Tier gebraucht?

Eine Ziegenfrau mit zwei Töchtern braucht einen Mann.

Susi, Susi und Susi

Anzeige droht

In diesem Moment ruft Elsa an: verstört, verweint und aufgelöst. Ein Tierarzt hat das Peterle im Stall entdeckt. Ein Drama: kein Chip, kein gelber im Ohr! Das Tier nicht registriert, nicht geimpft! Wenn das jemand vom Ziegenzuchtverband hört! Dann darf sie nie mehr Ziegen züchten und wird vom Verband ausgeschlossen. Ansteckungsgefahr!

Lokalaugenschein

Katharina verliert die Nerven. Heinrich, der Extrembergsteiger, behält den klaren Blick. Er nimmt den Wink vom Alpengasthof ernst und erkennt darin den Weg.

Die Autobahn entlang, bei Kramsach ab, die Bundesstraße nach Reith im Alpbachtal ein, bis nach dem Tunnel, da geht's nach links und hinauf, steil und eng. Vor jeder Kurve hupen. Steilhänge mit saftigen Wiesen, vereinzelt Häuser. Ein kleines Plateau und Stopp. Der Alpengasthof ist einladend mit Weitblick über Berge und Täler.
Günter, der Wirt, kommt ihnen entgegen. Er zeigt seinen Streichelzoo. Ein Gehege mit drei kleinen Hütten, zwergenhäuschengleich, eine Ziegenmama und zwei kleine Ziegentöchter bewohnen sie. Das Wetter strahlt, die Wiesen duften. Kinder streicheln die Tiere, viele Gästekinder sind dabei. Wird die Sache doch nicht am gelben Chip scheitern?

Günter lacht, der Chip ist ihm wurscht, die EU kommt hier nicht herauf. Der Ziegenbock wird nur gestreichelt, nicht gegessen…

Heinrich gefällt es. Er will das Peterle gleich holen. Er stellt dafür sogar sein Auto, sein sauberes, zur Verfügung. Heinrich hat einen Heikel mit seinem neuen Auto. Nicht einmal die Brösel vom Schätzle seiner Semmel mag er gern darin.

Peterle wird erwartet

Wieder die Bergstraße hinunter, nach rechts in die Bundesstraße, durch den Tunnel und bei Kramsach auf die Autobahn ans andere Ende von Tirol.

Elsa streichelt das Peterle zum Abschied. Peterle steigt in Heinrichs schönes Auto. Er darf auf den Rücksitz springen. Natürlich hat Heinrich vorher noch seinen Berganorak untergelegt. Das ist auch notwendig, denn das Peterle ist nicht stubenrein und pieselt während der Fahrt auf den Sitz.
Katharina muss das Tier halten, es will Heinrich immer wieder küssen. Es ist nervös. Sie erzählt ihm deshalb, dass ihn eine nette Ziegenfrau mit zwei Töchtern erwartet. Die heißen Susi, Susi und Susi. Dazu saftige Wiesen und jede Menge kleiner Kinder, die ihn streicheln und lieb haben werden.

Katharina, Heinrich und Peterle fahren die Autobahn entlang, bei Kramsach ab, die Bundesstraße nach Alpbach ein bis nach dem Tunnel, da geht's nach links und hinauf, steil und eng.

Katharina holt den Wirt, Peterle soll derweil noch im Auto bleiben. Dem Wirt steht es zu, Peterle in sein neues Gehege zu bringen. Sie schärft Heinrich ein auf den Ziegenbock aufzupassen. Doch das Tier will heraus, wenn nötig mit den Hörnern durch die Autoscheibe.

Da steht er schon im Gehege und schaut hinauf zu seiner Frau. Die ist dreimal so groß wie er, mit riesigen Hörnern. Peterle muss sich auf seine Hinterbeine stellen und sich strecken, um ebenbürtig zu sein. Und da kracht es schon. Sie neigt den Kopf und stößt zu, er kämpft tapfer um seinen Platz.

Peterle kämpft mit Herz

Bauernregeln

Hilde, die Schwiegermutter vom Wirt, sieht das Gerangle und eilt herbei. „Der Ziegenbock muss in den Schweinestall", bestimmt sie resolut. Stehen doch Mond und Tag äußerst schlecht.

Dienstag und Donnerstag sind ungünstig, weil Knödeltage. Montag und Mittwoch sind Tage für das Übersiedeln und Zusammenziehn. Die Bauernregeln sind streng, schon wieder wird das Peterle eingesperrt.

Die Kinder bringen Heu, Touristen knipsen Fotos, ein Berlinermädchen jammert: „Das arme Peterle". Lisa, die kleine Tochter des Wirts, nimmt es gelassen und steht beim Stall. Heinrich gibt ihr den Auftrag, das Peterle ganz fest zu streicheln, auch in der Nacht. Dafür verrät sie ihm, dass sie schon einmal einen Ziegenbock hatten. Erschrocken hält sie sich den Mund zu, aber das Geheimnis kommt doch heraus: Die Großmutter hat ihn gemetzgert!
Katharina wird es schwindlig. Das Peterle im Schweinestall! Das drohende Gespenst vom Metzgern! Endet die Geschichte, wie sie begonnen hat?

Bauernregeln, Mond und Ziegenschmerz

Wieder daheim ist Katharina nahe daran zu telefonieren. Immer wieder wählt sie, legt aber bei der letzten Nummer auf. Sie will sich nicht mehr einmischen.

Am zweiten Tag ruft sie wirklich an: Dem Peterle geht es gut. Er ist wieder frei. Allerdings hat er im Stall das Kraftfutter gefunden und gefressen. Aber es hat ihm nix genutzt, dem armen Hascherle. Das hat ihn nicht größer und kräftiger, sondern durch darauffolgenden Durchfall nur schwächer gemacht.
Hie und da gibt es noch Kämpfe mit seiner Frau, aber das wird sich legen.

Lisa auf dem Berg

Sommerende

Der Herbst liegt in der Luft. Morgens und abends merkt man es schon deutlich. Walter, der Zimmermann, hat das Haus fertig gebaut. Die Türen und Fenster sind auch schon drinnen. Romed, der Papa, räumt den Garten auf und Margret, die Mama, kauft Steckzwiebel für das nächste Jahr.

Katharina hat Geburtstag. Heinrich überrascht sie mit einem Ausflug nach Reith, zum Alpengasthof. Dort im Streichelzoo steht die Ziegenfrau auf dem Dach ihrer Hütte und schaut in die Weite. Die zwei Kleinen am Heubarren. Wo ist das Peterle?

Günter, der Wirt, lacht. Peterle ist ein Vagabund. Er springt ständig über den Zaun und streunt herum wie ein Hofhund. Nur folgen tut er nicht. Er schaut bei den Fenstern ins Haus hinein, frisst Blumen da und dort, Zwetschken und immer wieder das Kraftfutter von den anderen Tieren.

Alpenfrieden

Peterle ist angekommen

Irgendwann kommt Peterle von seinem Ausgang heim. Ist das wirklich der Ziegenzwerg? Er ist gewachsen. Sein Fell glänzt schwarz, ein fescher junger Ziegenmann. Heinrich erkennt ihn an den Hörnern, die haben Rillen und sind ein bisschen rosa grau. Und natürlich an den weißen Flecken auf der Nase und den Ohren.

Hilde, die Oma von Lisa, sagt, er sei ein richtiger Schmusepeter, weil er sich so gerne streicheln lässt. Alle mögen ihn, auch Susi, seine Ziegenfrau, die immer wieder auf das Dach ihrer Hütte steigt, um Ausschau zu halten nach ihm, wenn er wieder einmal umherstreunt. Sogar die Kühe mögen ihn, kürzlich ist eine am Zaun gestanden und hat seine Nase geleckt, erzählt Lisa.

Katharina und Heinrich bleiben, bis es Abend wird. Gertrud, die Wirtin, kocht Kaiserschmarrn mit Zwetschkenkompott. Ein richtiges Geburtstagsessen.

Über dem Alpachtal wird es Abend. Vor dem Heimfahren schauen sich Katharina und Heinrich noch einmal um. Der Mond steht schon hoch, das Ziegengehege ist zu erkennen und Peterle steht mit seiner Ziegenfamilie am Eingang ihrer Hütte, die gelben Augen funkeln, er ist endlich daheim.

Spätwinter 2006

Peterle wiegt derzeit genau 23 kg (nüchtern), seine Geschichte mit uns Menschen wiegt 154 g (das Manuskript).

Frühling 2007
Peterle hat drei Kinder und hat sich auch einen Ziegenbart wachsen lassen.

Danke allen, die mitgeholfen haben, dass dieses Buch zustande kam.

Mag^a. Martha Nasrouei

Geb. 1956, lebt in Hall; zwei Töchter: Sarah und Laura;
Studium: Germanistik, Geschichte, Politische Bildung; Professorin
am PORG Volders, seit 2002 auch Lehrtätigkeit am Institut für
LehrerInnenforschung an der Universität Innsbruck.

Jutta Katharina Hall

Geb. 1957; lebt in Thaur; zwei Söhne: Daniel und Simon; Studium
an der Akademie der Bildenden Künste in München bei Prof. Rudi
Tröger. Seit 2003 Bilderreihen mit Themen aus dem A.T.
„Nächte und Tage, Licht und Dunkel"
„Noahs Weg"

Wir danken folgenden Sponsoren

Gemeinde Absam

RAIFFEISENKASSE
THAUR
Reg. Gen.m.b.H.
Dorfplatz 4, 6065 Thaur

Gemeinde Thaur

Brixner-Straße 1 – 6020 Innsbruck
Tel. 0512/59 9 00

Universitätsbuchhandlung und -verlag

Region Hall-Wattens
Kultur ist unsere Natur

Ofenbau Meisterbetrieb
Romed Niederhauser
A-6065 Thaur - Bauerngasse 14
Tel. 05223/492890 - Fax 492830

Elisabeth Abfalter

Wilfried Kirschl

Der Erlös aus dem Verkauf des Buches geht an Pater Georg Sporschill
und sein Projekt "Straßenkinder in Rumänien"